Hedda and the Stardust And Other Bilingual Norwegian-English Stories for Kids

Pomme Bilingual

Published by Pomme Bilingual, 2024.

HEDDA AND THE STARDUST AND OTHER BILINGUAL NORWEGIAN-ENGLISH STORIES FOR KIDS

First edition. August 4, 2024.

Copyright © 2024 Pomme Bilingual.

ISBN: 979-8224646470

Written by Pomme Bilingual.

Table of Contents

Sofie og Den Magiske Sommerfuglen

Det var en gang en liten jente ved navn Sofie som bodde i en liten landsby omkranset av høye fjell og frodige skoger. Sofie elsket å tilbringe tid ute, og hun hadde en spesiell glede ved å utforske de mange hemmelighetene som naturen skjulte.

En solfylt ettermiddag, mens hun lekte i hagen sin, oppdaget hun noe uvanlig. En vakker sommerfugl med vinger som skinte som regnbuer flakset rundt et gammelt epletre. Sofie fulgte den med blikket og oppdaget at sommerfuglen satte seg på en lav gren og så ut som den ventet på noe.

Sofie nikket mot sommerfuglen og sa, "Hei der! Hva gjør du her?"

Sommerfuglen svarte med en myk stemme, "Jeg er på jakt etter noe som har blitt glemt av tidens gang. Det er noe som har stor betydning for alle, men som mange har glemt."

Sofie ble nysgjerrig. "Hva er det du leter etter?"

Sommerfuglen svømte elegant gjennom luften og begynte å forklare. "Det er en bit av magi som en gang gjorde verden lysere. Nå ligger den skjult et sted, og jeg trenger hjelp for å finne den."

Sofie så på sommerfuglen med store, nysgjerrige øyne. "Hvordan kan jeg hjelpe deg?"

Sommerfuglen flakset med vingene og sa, "Vi må reise til den gamle skogen, der hvor solstrålene sjelden når bakken, og hvor gamle hemmeligheter gjemmer seg. Der vil vi finne et gammelt tre med en skjult dør."

Sofie og sommerfuglen begynte på reisen sin mot den gamle skogen. De gikk gjennom enger fylt med fargerike blomster, over små bekker og gjennom skyggefulle partier av skogen. Underveis møtte de mange vennlige skapninger, som en klok ugle og en snill rev, som alle ønsket dem lykke til på oppdraget.

Da de endelig kom til det gamle treet, så Sofie at det var enormt, med dype groper og kronglete greiner. Sommerfuglen flakset rundt treet og fant den skjulte døren, som var dekket av mos og slyngplanter. Med en liten magisk berøring åpnet døren seg sakte.

Inne i treet var det en lysende grotte, fylt med stjerner og glitrende lys. Midt i grotten lå en liten, lysende krystall. Sommerfuglen nærmet seg krystallen og begynte å synge en vakker melodi. Krystallen begynte å lyse sterkere og sterkere, og en varm følelse fylte hele rommet.

Sofie så på med forundring og glede. "Er dette magien du lette etter?"

Sommerfuglen smilte. "Ja, Sofie. Denne krystallen har kraften til å bringe lys og glede til hele verden. Den har bare vært skjult fordi folk glemte å sette pris på det enkle og vakre i livet."

Sofie nikket, og hun forstod at magien ikke bare var i krystallen, men også i vennskapet og eventyrene hun hadde opplevd på veien.

Da de kom tilbake til landsbyen, spredte lyset fra krystallen seg over hele området, og folk begynte å smile og le, som om de nettopp hadde fått et nytt syn på livet.

Sofie visste nå at selv små handlinger og gode venner kunne skape stor magi. Og så, med et hjerte fylt med takknemlighet, visste hun at hun alltid kunne finne magi i de enkle tingene rundt seg.

Sofie and the Magical Butterfly

Once upon a time, in a small village surrounded by tall mountains and lush forests, lived a little girl named Sofie. Sofie loved spending time outdoors, and she found special joy in uncovering the many secrets hidden by nature.

One sunny afternoon, while she was playing in her garden, she noticed something unusual. A beautiful butterfly with wings shimmering like rainbows fluttered around an old apple tree. Sofie followed its flight and saw that the butterfly perched on a low branch, as if it was waiting for something.

Sofie nodded at the butterfly and said, "Hello there! What are you doing here?"

The butterfly responded with a soft voice, "I am on a quest for something that has been forgotten by the passage of time. It is something of great importance to everyone, but many have forgotten it."

Sofie became curious. "What are you looking for?"

The butterfly gracefully fluttered through the air and began to explain. "It is a piece of magic that once made the world brighter. Now it is hidden somewhere, and I need help to find it."

Sofie looked at the butterfly with wide, curious eyes. "How can I help you?"

The butterfly fluttered its wings and said, "We must travel to the old forest, where sunlight seldom reaches the ground, and where ancient secrets are hidden. There we will find an old tree with a hidden door."

Sofie and the butterfly set out on their journey to the old forest. They walked through meadows filled with colorful flowers, crossed small streams, and navigated through shady parts of the forest. Along the way, they met many friendly creatures, like a wise owl and a kind fox, who all wished them luck on their quest.

When they finally arrived at the old tree, Sofie saw that it was enormous, with deep hollows and gnarled branches. The butterfly fluttered around the tree and found the hidden door, covered in moss and creeping vines. With a little magical touch, the door slowly opened.

Inside the tree was a glowing cavern, filled with stars and sparkling light. In the center of the cavern lay a small, radiant crystal. The butterfly approached the crystal and began to sing a beautiful melody. The crystal's light grew brighter and brighter, filling the whole room with a warm feeling.

Sofie watched with wonder and joy. "Is this the magic you were looking for?"

The butterfly smiled. "Yes, Sofie. This crystal has the power to bring light and joy to the whole world. It has only been hidden because people forgot to appreciate the simple and beautiful things in life."

Sofie nodded, understanding that the magic was not just in the crystal but also in the friendship and adventures she had experienced along the way.

When they returned to the village, the light from the crystal spread throughout the area, and people began to smile and laugh, as if they had just received a new perspective on life.

Sofie now knew that even small acts and good friends could create great magic. And so, with a heart filled with gratitude, she understood that she could always find magic in the simple things around her.

Luka og De Glemte Drømmene

I en liten by som lå ved kanten av en vidunderlig, grønn dal, bodde det en gutt ved navn Luka. Luka hadde en livlig fantasi og elsket å lage eventyr i sitt eget lille rom. Han hadde en spesiell venn, en liten mus ved navn Milla, som alltid var med på alle hans oppfinnsomme påfunn.

En dag mens Luka lekte i hagen, oppdaget han en merkelig gjenstand halvveis begravet i bakken. Det så ut som en gammel, støvete bok med et omslag av gull. Luka tok den opp og tørket forsiktig av støvet. På forsiden sto det skrevet i elegante bokstaver: "De Glemte Drømmene."

Nysgjerrig åpnet Luka boken, og til hans overraskelse var den fylt med vakre, fargerike illustrasjoner av fantastiske steder og eventyr. Hver side var en ny verden med magiske skapninger og steder som virket helt ekte. Men det som fanget Lukas oppmerksomhet mest var en liten notis nederst på hver side: "For de som tør å drømme."

Luka leste videre og fant en beskrivelse av en magisk dal som var fylt med lysende blomster og vennlige feer. Dalens skjønnhet var truet av en stor sky som dekket det hele i skygge. Feene hadde i lang tid ikke klart å fjerne skyen, og de hadde gitt opp håpet om at noen skulle redde dalen.

Luka visste med en gang at han måtte hjelpe. Han fortalte Milla om oppdagelsen, og sammen begynte de å planlegge en reise til den magiske dalen.

De pakket en liten ryggsekk med nødvendigheter som snacks, et teppe, og selvfølgelig, boken med de glemte drømmene. De sa farvel til Luka sine foreldre og satte av sted mot eventyret. Det var en lang reise gjennom skog og over fjell, men Luka og Milla var ivrige og fulle av mot.

På vei til dalen møtte de en klok ugle som satt på en gren høyt oppe. Uglen spurte dem, "Hvor er dere på vei, små venner?"

Luka svarte, "Vi skal til den magiske dalen for å hjelpe feene med å fjerne skyen som dekker dalen."

Uglen nikket forståelsesfullt. "Husk, det er ikke alltid lett å oppnå det man ønsker. Men det er viktig å tro på seg selv og følge hjertet sitt. Der vil du finne styrken du trenger."

Med uglenes ord i bakhodet fortsatte Luka og Milla sin ferd. Da de nærmet seg dalen, begynte de å merke hvordan skyen skapte et dystert lys. Det var som om dalen var frosset i tid, og alle de lysende blomstene og feene var skjult i mørket.

Da de kom til dalens inngang, ble de møtt av en liten fe ved navn Lumi. Lumi så på dem med store, håpefulle øyne. "Er det virkelig noen som vil hjelpe oss?"

Luka nikket. "Ja, vi har kommet for å hjelpe. Hva kan vi gjøre for å fjerne skyen?"

Lumi fløy nærmere og forklarte, "Skyen er laget av alle de glemte drømmene og håpene som ikke har blitt oppfylt. For å fjerne skyen må vi finne de glemte drømmene og gjenopplive dem med kjærlighet og tro."

Luka og Milla begynte å lete etter de glemte drømmene, og feene ga dem en ledetråd: "Gå til den eldste eiken i dalen. Der vil dere finne den første drømmen."

De fulgte feenes råd og kom til en gammel eik som var stor og majestetisk. Luka la merke til en liten inngang ved foten av treet. Inne i treet fant de en liten, gammel kiste som var dekket av støv. Luka åpnet kisten og fant en vakker, glitrende krystall.

Når Luka tok krystallen opp, begynte den å lyse med en varm glød. En magisk vind blåste gjennom dalen, og skyen begynte å løfte seg litt. Feene begynte å synge en vakker sang, og dalen ble fylt med en lysende glans.

Men skyen var ikke helt borte ennå. "Vi må finne flere drømmer," sa Lumi. "Fortsett til de gamle ruinene. Der kan dere finne flere skjulte drømmer."

Luka og Milla gikk videre til de gamle ruinene, hvor de fant flere kister som inneholdt drømmer, hver med sitt eget unike lys og magi. De bar drømmene til dalens midtpunkt, hvor de samlet dem sammen og plasserte dem i en stor krystall som lå der.

Når krystallen ble fylt med alle de glemte drømmene, begynte det å skje noe magisk. Skyen over dalen forsvant helt, og dalen ble fylt med lys og liv igjen. Feene danset og sang, og blomstene begynte å blomstre i alle farger.

Luka og Milla ble feiret som helter. Lumi og de andre feene takket dem hjertelig. "Dere har gjort noe utrolig," sa Lumi. "Dere har gjenopplivet våre drømmer og gitt oss håp."

Luka smilte og svarte, "Det var eventyret som gjorde det magisk. Og det er alltid viktig å tro på drømmene sine."

Da Luka og Milla vendte tilbake til hjemmet sitt, visste de at de hadde gjort noe betydningsfullt. De hadde lært at drømmer og håp er viktige, og at magi finnes i de små handlingene av mot og vennskap.

Og så, med hjertet fylt med glede, visste de at hver dag er en ny mulighet til å skape magiske øyeblikk og oppfylle drømmer.

Luka and the Forgotten Dreams

In a small town nestled by the edge of a wondrous green valley, lived a boy named Luka. Luka had a vivid imagination and loved creating adventures in his own little room. He had a special friend, a small mouse named Milla, who was always by his side for all his inventive escapades.

One day while Luka was playing in the garden, he discovered a peculiar object half-buried in the ground. It looked like an old, dusty book with a golden cover. Luka picked it up and gently brushed off the dust. On the cover was elegantly written: "The Forgotten Dreams."

Curious, Luka opened the book, and to his surprise, it was filled with beautiful, colorful illustrations of fantastic places and adventures. Each page was a new world with magical creatures and places that seemed almost real. But what caught Luka's attention most was a small note at the bottom of each page: "For those who dare to dream."

Luka read on and found a description of a magical valley filled with glowing flowers and friendly fairies. The valley's beauty was threatened by a large cloud that covered everything in shadow. The fairies had long given up hope of ever removing the cloud.

Luka knew right away that he had to help. He told Milla about his discovery, and together they began planning a journey to the magical valley.

They packed a small backpack with essentials like snacks, a blanket, and of course, the book of forgotten dreams. They said goodbye to Luka's parents and set off on their adventure. It was a long journey through forests and over mountains, but Luka and Milla were eager and full of courage.

On their way to the valley, they met a wise old owl perched high on a branch. The owl asked them, "Where are you headed, little friends?"

Luka replied, "We are going to the magical valley to help the fairies remove the cloud that covers the valley."

The owl nodded understandingly. "Remember, it's not always easy to achieve what you wish. But it's important to believe in yourself and follow your heart. There you will find the strength you need."

With the owl's words in mind, Luka and Milla continued their journey. As they approached the valley, they began to notice how the cloud cast a somber light. It was as if the valley was frozen in time, with all the glowing flowers and fairies hidden in the darkness.

When they arrived at the valley's entrance, they were greeted by a small fairy named Lumi. Lumi looked at them with large, hopeful eyes. "Is it really true that someone wants to help us?"

Luka nodded. "Yes, we have come to help. What can we do to remove the cloud?"

Lumi flew closer and explained, "The cloud is made of all the forgotten dreams and hopes that haven't been fulfilled. To remove the cloud, we must find the forgotten dreams and revive them with love and faith."

Luka and Milla began searching for the forgotten dreams, and the fairies gave them a clue: "Go to the oldest oak tree in the valley. There you will find the first dream."

They followed the fairies' advice and came to a great, majestic oak. Luka noticed a small entrance at the base of the tree. Inside, they found a small, old chest covered in dust. Luka opened the chest and found a beautiful, sparkling crystal.

When Luka picked up the crystal, it began to shine with a warm glow. A magical breeze swept through the valley, and the cloud started to lift a little. The fairies began to sing a beautiful song, and the valley was filled with a glowing radiance.

But the cloud was not completely gone yet. "We need to find more dreams," said Lumi. "Continue to the ancient ruins. There you might find more hidden dreams."

Luka and Milla went on to the ancient ruins, where they found several chests containing dreams, each with its own unique light and magic. They carried the dreams to the center of the valley, where they placed them in a large crystal that lay there.

As the crystal was filled with all the forgotten dreams, something magical happened. The cloud over the valley disappeared completely, and the valley was once again filled with light and life. The fairies danced and sang, and the flowers began to bloom in every color.

Luka and Milla were celebrated as heroes. Lumi and the other fairies thanked them warmly. "You have done something incredible," said Lumi. "You have revived our dreams and given us hope."

Luka smiled and replied, "It was the adventure that made it magical. And it's always important to believe in our dreams."

When Luka and Milla returned home, they knew they had accomplished something meaningful. They had learned that dreams and hopes are important, and that magic exists in the small acts of courage and friendship.

And so, with hearts filled with joy, they knew that each day is a new opportunity to create magical moments and fulfill dreams.

Erik og Den Hemmelige Skogen

———

I en liten landsby som lå ved foten av en stor, grønn skog, bodde det en liten gutt ved navn Erik. Erik var en nysgjerrig og eventyrlysten gutt med en stor drøm: å utforske hver eneste krok av den mystiske skogen som omkranset landsbyen hans. Skogen var fylt med gamle trær, elver som sildret, og lyden av fuglesang. Men den skjulte også mange hemmeligheter, og folk i landsbyen sa at det var et sted som var lett å gå seg bort i.

Erik hadde alltid vært fascinert av skogen og dens mange mysterier. Hver dag etter skolen satt han ved kanten av skogen, og han drømte om de fantastiske opplevelsene som ventet der inne. En kveld, mens han satt ved det gamle, knudrete eiketreet som vokste ved skogkanten, så han en liten glitrende lysflekk mellom trærne. Det var som en stjerne som hadde falt ned fra himmelen og nå fløt lett gjennom skogen.

Han visste med en gang at dette var et tegn. "Det er på tide å oppdage hva som skjuler seg der inne," tenkte Erik. Med et hjerte fullt av spenning og en liten ryggsekk fylt med mat og en flaske vann, satte han kursen mot skogen.

Det var en vakker, klar dag da Erik trådte inn i skogen. Trærne sto som eldgamle voktere, og sollyset danset gjennom bladene. Erik fulgte lysflekkens spor, og etter en stund kom han til en lysning. Her var det en nydelig, glitrende innsjø omkranset av blomster i alle farger. Lysflekkene danset over vannet og skapte et vakkert mønster.

I midten av innsjøen var det en liten øy, og på øya sto et gammelt hus. Det så ut som et hus fra en eventyrbok, med et skråtak og en liten skorstein som røyken sildret ut av. Erik gikk langs bredden til han fant en liten båt som var bundet til en stokk. Han steg forsiktig ombord og ropte over til øya.

Da han nådde øya, ble han møtt av en vennlig, eldre mann med en skjegg som minnet om en vis gammel ugle. Mannen smilte og sa, "Velkommen til Det Hemmelige Huset. Jeg heter Alaric. Hva bringer deg hit, unge eventyrer?"

Erik svarte, "Jeg så en lysflekk fra skogkanten og ble nysgjerrig. Jeg ville se hva som skjulte seg her."

Alaric nikket og sa, "Det var en god beslutning. Denne innsjøen og huset er et magisk sted som beskytter mange hemmeligheter. Men for å oppdage dem må du være villig til å bruke din egen fantasi og mot."

Alaric forklarte at huset var fylt med gamle bøker og kart som kunne vise vei til de mange eventyrene som var skjult i skogen. Huset var en skattkiste av visdom, og hver bok hadde en historie å fortelle.

De begynte å utforske huset, og Erik ble spesielt fascinert av en stor bok som lå på et gammelt trebord. Boken var dekorert med gullmønstre og hadde en stor, rød krystall på forsiden. Erik åpnet boken, og inne i den var det en detaljert tegning av en hemmelig sti som førte til en skjult del av skogen.

"Denne stien er en del av det hemmelige kartet som fører til Skogens Hjerte," sa Alaric. "Det er et sted der magien i skogen er på sitt sterkeste. Mange har prøvd å finne det, men bare de med et modig hjerte og en sann tro på eventyr kan klare det."

Erik var fylt med en ny, brennende entusiasme. "Jeg vil finne Skogens Hjerte," sa han bestemt. Alaric nikket og gav Erik en liten krystall som lyste svakt. "Denne krystallen vil lyse opp veien når du nærmer deg Skogens Hjerte."

Med kartet i hånden og krystallen som guide, satte Erik kursen tilbake til skogen. Han fulgte den hemmelige stien, som var skjult under et teppe av mose og blader. Veien førte ham gjennom vakre, ukjente deler av skogen, hvor blomster lyste opp bakken og små dyr kikket nysgjerrig på ham.

Etter en lang ferd kom Erik til en stor, gammel eik. På treet var det et vakkert, intrikat mønster som så ut som et kart. Erik plasserte krystallen i en liten fordypning i treet, og mønsteret begynte å lyse. En hemmelig dør åpnet seg i stammen av treet, og en lys strøm flommet ut.

Erik gikk inn i den skjulte grotten, som var fylt med et varmt, gyllent lys. I midten av grotten var det en stor, vakker krystall som utstrålte en strålende glans. Erik visste med en gang at dette var Skogens Hjerte. Han kunne føle en dyp følelse av fred og glede som fylte hele grotten.

Alaric hadde rett; det var magi her. Krystallen var kilden til skogens energi, og den hadde fått skogen til å blomstre i alle sine prakt. Erik forsto at Skogens Hjerte var en kilde til liv og lys som måtte beskyttes.

Han satte seg ned foran krystallen og følte en dyp forbindelse til skogen. Han visste at han ikke bare hadde funnet en magisk plass, men også lært noe verdifullt om seg selv. Med et hjerte fylt med takknemlighet, begynte han å gå tilbake til huset ved innsjøen.

Da Erik kom tilbake til huset, så han at Alaric ventet på ham med et smil. "Du har gjort det," sa Alaric. "Du har funnet Skogens Hjerte. Og gjennom ditt mot og nysgjerrighet har du fått tilbake magien som var i ferd med å forsvinne."

Erik takket Alaric og lovet å beskytte hemmelighetene han hadde oppdaget. Han visste at magien i skogen nå var i trygghet, og at han alltid ville ha et spesielt bånd til denne fantastiske, skjulte delen av verden.

Med et hjerte fylt med glede og undring, tok Erik farvel med Alaric og seilte tilbake til bredden. Da han kom tilbake til landsbyen, visste han at han hadde gjort noe veldig spesielt. Han hadde ikke bare utforsket skogen, men også oppdaget den virkelige magien som ligger i å følge sitt eget eventyr og tro på sine drømmer.

Og så, hver gang Erik så mot skogen, visste han at eventyrene aldri var langt unna. Han bar alltid med seg minnet om Skogens Hjerte og den magiske reisen han hadde hatt.

Erik and the Secret Forest

In a small village nestled at the foot of a vast, green forest, lived a boy named Erik. Erik was a curious and adventurous child with a grand dream: to explore every corner of the mysterious forest that surrounded his village. The forest was filled with ancient trees, babbling brooks, and the sound of birdsong. But it also hid many secrets, and people in the village said it was easy to get lost in.

Erik had always been fascinated by the forest and its many mysteries. Every day after school, he would sit by the edge of the forest and dream about the wonderful adventures waiting inside. One evening, while he was sitting by the old, gnarled oak tree that grew at the forest's edge, he saw a small, shimmering speck of light between the trees. It was as if a star had fallen from the sky and was now floating gently through the forest.

He immediately knew this was a sign. "It's time to discover what's hidden inside," thought Erik. With a heart full of excitement and a small backpack packed with food and a bottle of water, he set off into the forest.

It was a beautiful, clear day when Erik stepped into the forest. The trees stood like ancient guardians, and sunlight danced through the leaves. Erik followed the speck of light, and after a while, he arrived at a clearing. Here was a lovely, sparkling lake surrounded by flowers of every color. The light specks danced across the water, creating a beautiful pattern.

In the middle of the lake was a small island, and on the island stood an old house. It looked like something out of a fairytale book, with a slanted roof and a small chimney from which smoke was drifting. Erik walked along the shore until he found a small boat tied to a stake. He carefully climbed aboard and rowed over to the island.

When he reached the island, he was greeted by a friendly old man with a beard that resembled a wise old owl. The man smiled and said, "Welcome to the Secret House. My name is Alaric. What brings you here, young adventurer?"

Erik replied, "I saw a light speck from the edge of the forest and became curious. I wanted to see what was hidden here."

Alaric nodded and said, "That was a good decision. This lake and house are magical places that protect many secrets. But to discover them, you must be willing to use your own imagination and courage."

Alaric explained that the house was filled with old books and maps that could reveal the many adventures hidden in the forest. The house was a treasure chest of wisdom, and each book had a story to tell.

They began to explore the house, and Erik was especially fascinated by a large book lying on an old wooden table. The book was decorated with golden patterns and had a large red crystal on the cover. Erik opened the book, and inside was a detailed drawing of a secret path leading to a hidden part of the forest.

"This path is part of the secret map that leads to the Heart of the Forest," said Alaric. "It is a place where the magic of the forest is at its strongest. Many have tried to find it, but only those with a brave heart and true belief in adventure can succeed."

Erik was filled with a new, burning enthusiasm. "I want to find the Heart of the Forest," he said determinedly. Alaric nodded and gave Erik a small crystal that glowed faintly. "This crystal will light up the way as you approach the Heart of the Forest."

With the map in hand and the crystal as a guide, Erik headed back into the forest. He followed the secret path, which was hidden under a carpet of moss and leaves. The path led him through beautiful, unknown parts of the forest, where flowers lit up the ground and small animals peered curiously at him.

After a long journey, Erik arrived at a large, ancient oak. On the tree was a beautiful, intricate pattern that resembled a map. Erik placed the crystal in a small indentation in the tree, and the pattern began to glow. A hidden door opened in the trunk of the tree, and a stream of light flowed out.

Erik entered the hidden cave, which was filled with a warm, golden light. In the center of the cave was a large, beautiful crystal that emitted a radiant glow. Erik knew immediately that this was the Heart of the Forest. He could feel a deep sense of peace and joy that filled the entire cave.

Alaric had been right; there was magic here. The crystal was the source of the forest's energy, and it had caused the forest to bloom in all its splendor. Erik understood that the Heart of the Forest was a source of life and light that needed to be protected.

He sat down in front of the crystal and felt a deep connection to the forest. He knew that he had not only found a magical place but also learned something valuable about himself. With a heart full of gratitude, he began to make his way back to the house by the lake.

When Erik returned to the house, he saw that Alaric was waiting for him with a smile. "You did it," said Alaric. "You have found the Heart of the Forest. And through your courage and curiosity, you have restored the magic that was in danger of disappearing."

Erik thanked Alaric and promised to protect the secrets he had discovered. He knew that the magic of the forest was now safe, and that he would always have a special bond with this wonderful, hidden part of the world.

With a heart filled with joy and wonder, Erik said goodbye to Alaric and sailed back to the shore. When he returned to the village, he knew he had done something very special. He had not only explored the forest but also discovered the true magic that lies in following one's own adventure and believing in one's dreams.

And so, whenever Erik looked toward the forest, he knew that adventures were never far away. He always carried with him the memory of the Heart of the Forest and the magical journey he had experienced.

Hedda og Stjernestøvet

I en liten, koselig by som lå ved foten av en stor, fjellbekledd ås, bodde en jente ved navn Hedda. Hedda elsket å tilbringe kveldene ute under stjernene, liggende på en myk, grønn gressplen. Hun hadde alltid vært fascinert av nattehimmelen og drømt om å oppdage de hemmelighetene som skjulte seg blant stjernene.

En klar sommernatt, mens stjernene blinket som små, glitrende diamanter på himmelen, la Hedda merke til noe uvanlig. Det var som om en liten sky av lys svevde ned fra en av stjernene og landet rett foran henne. Når hun så nærmere, oppdaget hun at det ikke var en vanlig sky, men en liten sky av lysende støv som skinte i alle regnbuens farger.

"Nå er det tid for et nytt eventyr," tenkte Hedda. Med en blanding av nysgjerrighet og spenning, strakte hun ut hånden og berørte stjernestøvet. Med ett ble hun omfavnet av en varm, koselig glød, og hun følte en lett heving fra bakken. Stjernestøvet løftet henne sakte oppover, og før hun visste ordet av det, svevde hun opp mot himmelen.

Hedda fløy gjennom natten, og stjernestøvet bar henne over fjell og daler, langt over hvor hun noen gang hadde vært før. Det var som å fly gjennom en drøm, med stjernene som blinket rundt henne og skapte et magisk lys. Hun kunne se de andre stjernene som satt i konstellasjoner og mønstre hun hadde lest om i bøker, men aldri sett så nært.

Etter en stund, landet stjernestøvet forsiktig på en vakker, glitrende øy som hang i det kosmiske rommet. Øya var dekket av lyse blomster som utstrålte et mildt lys og hadde små, vennlige skapninger som fløy rundt og lekte. Hedda ble møtt av en liten, vennlig kvinne med vinger som glitret som stjernene.

"Velkommen til Stjerneslettene," sa kvinnen med en vennlig stemme. "Jeg heter Lyra, og jeg passer på stjernestøvet som holder nattens magi levende. Hva bringer deg hit?"

Hedda svarte, "Jeg så stjernestøvet som svevde ned fra himmelen og ble nysgjerrig. Jeg ville se hva som skjulte seg blant stjernene."

Lyra smilte og sa, "Det er sjeldent å møte noen fra jorden som finner veien til Stjerneslettene. Denne øya er et sted hvor stjernene blir ladet med energi og forbereder seg til sine reiser over himmelen. Vi trenger din hjelp til å utføre en spesiell oppgave."

Hedda lyttet spent mens Lyra forklarte at Stjerneslettene hadde blitt mørkere de siste månedene. "En av de store stjernene som gir oss lys og energi har mistet sin glans. Hvis vi ikke får tilbake stjernens lys, kan nattehimmelen bli mindre strålende, og stjernene kan begynne å miste sin magi."

Hedda følte en sterk følelse av ansvar. "Hva kan jeg gjøre for å hjelpe?" spurte hun.

Lyra ga Hedda en liten krystall med en dyp, blå farge. "Denne krystallen har kraften til å gjenopprette lys og energi. Du må finne stjernesengen, et magisk sted hvor stjernene hviler og drømmer før de reiser ut på nattehimmelen. Det ligger et sted i Stjerneslettene, men ingen har vært der på lenge."

Med krystallen i hånden og en følelse av beslutsomhet, begynte Hedda å lete etter stjernesengen. Hun fulgte Lyra gjennom en lys labyrint av blomster og stjerner som fløt rundt dem. De kom til en vakker hule dekket av lysende edelstener. Inne i hulen var det en stor, svevende stjerne som så ut til å være i dyp søvn.

Hedda nærmet seg stjernen og plasserte krystallen ved siden av den. Når hun gjorde det, begynte stjernen å lyse svakt, og snart ble lyset sterkere og sterkere. Hulen ble fylt med et varmt, gyllent lys som spredte seg over hele Stjerneslettene.

Lyra så på Hedda med beundring. "Du har gjort det! Stjernen er fylt med ny energi, og nattens magi er gjenopprettet. Takket være deg vil stjernene skinne klart igjen."

Hedda følte en dyp glede og lettelse. Hun visste at hun hadde gjort noe viktig. Lyra takket Hedda hjertelig og gav henne en liten stjernesky som et minne. "Når du ser opp på nattehimmelen, vil du alltid ha et lite lys som minner deg om din hjelp og mot."

Stjernestøvet bar Hedda tilbake til bakken, og hun svevde ned gjennom den stille natten. Når hun lander på gresset igjen, så hun opp på stjernene og følte en dyp forbindelse til dem. Hun visste at hun alltid ville huske Stjerneslettene og eventyret hun hadde opplevd.

Da Hedda gikk til sengs den natten, sov hun med et smil på leppene, vel vitende om at hun hadde gjort en forskjell. Stjernene på himmelen virket mer lysende og levende enn noen gang før, og Hedda visste at hun hadde blitt en del av deres magiske verden.

28

Hedda and the Stardust

In a small, cozy village at the foot of a large, mountain-clad hill, lived a girl named Hedda. Hedda loved spending her evenings under the stars, lying on a soft, green lawn. She had always been fascinated by the night sky and dreamed of discovering the secrets hidden among the stars.

One clear summer night, as the stars twinkled like tiny, glittering diamonds in the sky, Hedda noticed something unusual. It was as if a small cloud of light had drifted down from one of the stars and landed right in front of her. When she looked closer, she realized it wasn't an ordinary cloud, but a tiny cloud of glowing dust shimmering in all the colors of the rainbow.

"It's time for a new adventure," thought Hedda. With a mix of curiosity and excitement, she reached out and touched the stardust. Instantly, she was enveloped in a warm, comforting glow and felt herself gently lifting off the ground. The stardust carried her slowly upwards, and before she knew it, she was floating towards the sky.

Hedda soared through the night, and the stardust carried her over mountains and valleys, far beyond where she had ever been before. It was like flying through a dream, with stars twinkling around her and creating a magical light. She could see other stars arranged in constellations and patterns she had read about in books but had never seen up close.

After a while, the stardust gently landed on a beautiful, glittering island floating in cosmic space. The island was covered in bright flowers emitting a soft light and had small, friendly creatures fluttering around and playing. Hedda was greeted by a tiny, friendly woman with wings that sparkled like the stars.

"Welcome to the Stardust Meadows," said the woman with a warm voice. "My name is Lyra, and I oversee the stardust that keeps the magic of the night alive. What brings you here?"

Hedda replied, "I saw the stardust floating down from the sky and became curious. I wanted to see what was hidden among the stars."

Lyra smiled and said, "It's rare to meet someone from Earth who finds their way to the Stardust Meadows. This island is a place where the stars are charged with energy and prepare for their journeys across the sky. We need your help to perform a special task."

Hedda listened intently as Lyra explained that the Stardust Meadows had become darker in recent months. "One of the great stars that provides us with light and energy has lost its glow. If we don't restore the star's light, the night sky may become less brilliant, and the stars might start losing their magic."

Hedda felt a strong sense of responsibility. "What can I do to help?" she asked.

Lyra handed Hedda a small crystal with a deep blue color. "This crystal has the power to restore light and energy. You must find the Starbed, a magical place where stars rest and dream before they travel across the night sky. It's somewhere in the Stardust Meadows, but no one has been there for a long time."

With the crystal in hand and a feeling of determination, Hedda began searching for the Starbed. She followed Lyra through a luminous labyrinth of flowers and floating stars. They arrived at a beautiful cave covered in glowing gemstones. Inside the cave was a large, floating star that appeared to be in a deep slumber.

Hedda approached the star and placed the crystal beside it. As she did, the star began to glow faintly, and soon the light grew stronger and stronger. The cave was filled with a warm, golden light that spread across the entire Stardust Meadows.

Lyra looked at Hedda with admiration. "You did it! The star is filled with new energy, and the magic of the night has been restored. Thanks to you, the stars will shine brightly again."

Hedda felt a deep joy and relief. She knew she had done something important. Lyra thanked Hedda warmly and gave her a small piece of stardust as a memento. "When you look up at the night sky, you will always have a little light to remind you of your help and bravery."

The stardust carried Hedda back to the ground, and she gently floated down through the quiet night. As she landed on the grass again, she looked up at the stars and felt a deep connection to them. She knew she would always remember the Stardust Meadows and the adventure she had experienced.

As Hedda went to bed that night, she slept with a smile on her face, knowing she had made a difference. The stars in the sky seemed more radiant and alive than ever before, and Hedda knew she had become a part of their magical world.

32

Bjorn og Stjernedalen

I en vakker, fredelig skog, langt borte fra menneskenes verden, bodde en stor, brun bjørn ved navn Bjorn. Bjorn var kjent i skogen som en klok og vennlig bjørn, og han hadde mange venner blant skogens skapninger. Men til tross for all sin visdom, hadde Bjorn alltid hatt en hemmelig drøm: å utforske den mystiske Stjernedalen, et sted som sies å være fylt med stjerner og magi.

Stjernedalen var et myteomspunnet sted som ble sett på som en av de mest fortryllende områdene i skogen. Det var sagt at stjernene i Stjernedalen glødet om natten og skapte en magisk glans som kunne opplyse selv de mørkeste hjørnene i verden. Bjorn hadde alltid ønsket å oppleve dette selv, men ingen av hans venner hadde noen gang sett Stjernedalen.

En tidlig morgen, mens solen knapt hadde steget opp over horisonten, bestemte Bjorn seg for at det var på tide å følge sin drøm. Han pakket en liten ryggsekk med honning, bær, og et kart han hadde laget selv. Kartet var fylt med tegninger av stier og steder han hadde hørt om i gamle legender. Han visste at det ville bli en lang og utfordrende reise, men han var fast bestemt på å finne Stjernedalen.

Bjorn begynte sin ferd gjennom skogen, og han hilste vennlig på alle han møtte underveis. "Ha en fin dag, Herr Ekorn!" ropte han til ekornet som klatret opp i et tre. "Takk, Bjorn! Måtte reisen din bli vellykket!" svarte ekornet, og Bjorn følte seg oppmuntret av de vennlige ordene.

Etter å ha vandret i flere timer, kom Bjorn til en stor elv som han måtte krysse. Elven var bred og strømmet raskt, men Bjorn visste at han måtte finne en måte å komme over. Han oppdaget en gruppe store steiner som stakk opp over vannet, og han bestemte seg for å bruke dem som trinn til å komme over elven. Med stor forsiktighet og balanse klarte han å krysse elven og fortsatte på sin vei.

Som dagen gikk, ble skyene på himmelen mørkere, og Bjorn innså at han måtte finne et sted å tilbringe natten. Han oppdaget en koselig hule som var skjult bak et kratt. Inne i hulen var det tørt og varmt, og Bjorn bestemte seg for å sove der for natten. Han spiste litt honning og bær før han krøp sammen i en myk, varm seng av blader og kvister.

Neste morgen våknet Bjorn til lyden av fuglesang og solen som skinte gjennom hulens åpning. Han hadde en ny følelse av energi og bestemte seg for å fortsette reisen mot Stjernedalen. Han fulgte kartet videre og kom til et punkt der stien delte seg i to.

"Hmm," mumlet Bjorn for seg selv, "hvilken vei skal jeg ta?" Han studerte kartet nøye og bestemte seg for å ta den høyre stien som førte oppover mot fjellene. "Dette må være den rette veien," tenkte han. "Stjernedalen må ligge høyt oppe, så jeg må følge stien oppover."

Stien ble brattere og brattere, men Bjorn ga ikke opp. Han brukte sine sterke poter til å klatre oppover og snart hadde han nådd toppen av fjellet. Der, foran ham, åpnet det seg et vidunderlig syn. En dal dekket av stjerner og lys bredte seg ut foran ham. Det var som om hele dalen var fylt med magiske glimt som skinte om natten.

Bjorn kunne ikke tro sine egne øyne. Han begynte å gå nedover mot dalen, og hvert skritt han tok ble belønnet med et nytt glitrende syn. Stjernene glitret på himmelen og reflekterte i den krystallklare innsjøen som lå i dalens sentrum. Rundt innsjøen var det en sirkel av lysende blomster som blekket ut et vakkert mønster.

Da Bjorn nådde innsjøen, ble han møtt av en vennlig, liten skapning med lysende vinger. "Velkommen til Stjernedalen," sa skapningen med en lys stemme. "Jeg heter Stella, og jeg passer på stjernene og magien her. Hvordan kan jeg hjelpe deg?"

Bjorn ble glad for å møte Stella og begynte å fortelle henne om drømmen sin om å oppleve Stjernedalen. "Jeg har alltid ønsket å se denne dalen og oppleve magien som sies å være her. Jeg håper jeg ikke har kommet til feil sted."

Stella smilte og sa, "Du har kommet til rett sted, Bjorn. Stjernedalen har alltid vært et sted for drømmere og eventyrere. Men akkurat nå trenger vi din hjelp. Vi har en stjerne som har mistet sin glans, og vi trenger å gi den ny energi for å opprettholde balansen i dalen."

Bjorn ble rørt av Stellas ord. Han følte at han måtte gjøre alt han kunne for å hjelpe. Stella ledet ham til en stor, majestetisk stjerne som lå stille i en lysning. Stjernen var en gang strålende, men nå var den svak og blek.

"Bruk denne krystallen," sa Stella og ga Bjorn en liten krystall som lyste med en dyp, blå farge. "Krystallen har kraften til å gjenopplive stjernen. Du må plassere den ved siden av stjernen og fokusere på å sende den din energi og gode ønsker."

Bjorn tok krystallen og plasserte den forsiktig ved siden av den bleke stjernen. Han lukket øynene og konsentrerte seg om å sende stjernen sine beste tanker og ønsker. Han husket alle de vennlige ordene og hjelpsomme handlingene han hadde opplevd på reisen sin, og han ønsket at stjernen skulle skinne igjen.

Med ett begynte stjernen å lyse opp. Først svakt, men snart ble lyset sterkere og sterkere. Stjernen skinte som aldri før, og dalen ble fylt med en varm, gyllen glans. Alle blomster og lys rundt innsjøen begynte å glitre igjen, og Stjernedalen var nå fylt med magi og skjønnhet.

Stella så på Bjorn med takknemlighet. "Du har gjort det, Bjorn! Takket være deg er stjernen gjenopprettet, og Stjernedalen er fylt med magi igjen. Din godhet og mot har brakt lys tilbake til denne dalen."

Bjorn følte en dyp følelse av tilfredshet. Han hadde oppnådd noe som han hadde drømt om i lang tid, og han visste at hans lille bidrag hadde gjort en stor forskjell. Stella takket ham hjertelig og ga ham en liten stjerne som et minne. "Denne stjernen vil alltid minne deg om ditt eventyr her i Stjernedalen."

Med stjernen i poten og hjertet fylt med glede, begynte Bjorn å gå tilbake til skogen. Han visste at han alltid ville bære med seg minnene fra Stjernedalen og de fantastiske opplevelsene han hadde hatt.

Når Bjorn kom tilbake til skogen, ble han møtt av sine venner med åpne armer. De hadde hørt om hans eventyr og var glade for å se ham igjen. "Hvordan var reisen din?" spurte de nysgjerrig.

Bjorn smilte og svarte, "Den var helt fantastisk. Jeg har opplevd magien i Stjernedalen og fått hjelp til å bringe lys tilbake til en stjerne. Jeg har lært at selv små handlinger av vennlighet og mot kan gjøre en stor forskjell."

Og så, hver kveld, når Bjorn så opp på stjernene, tenkte han på Stjernedalen og eventyret han hadde hatt. Han visste at magien i nattehimmelen alltid ville være med ham, og han var takknemlig for den fantastiske reisen som hadde lært ham så mye.

Bear and the Star Valley

In a beautiful, peaceful forest far from the human world, lived a large, brown bear named Bear. Bear was known in the forest as a wise and friendly bear, and he had many friends among the forest creatures. But despite all his wisdom, Bear had always had a secret dream: to explore the mysterious Star Valley, a place said to be filled with stars and magic.

Star Valley was a legendary place regarded as one of the most enchanting spots in the forest. It was said that the stars in Star Valley glowed at night, creating a magical radiance that could light up even the darkest corners of the world. Bear had always wanted to experience this for himself, but none of his friends had ever seen Star Valley.

One early morning, just as the sun had barely risen above the horizon, Bear decided that it was time to follow his dream. He packed a small backpack with honey, berries, and a map he had made himself. The map was filled with drawings of trails and places he had heard about in old legends. He knew it would be a long and challenging journey, but he was determined to find Star Valley.

Bear began his trek through the forest, greeting everyone he met along the way. "Have a great day, Mr. Squirrel!" he called to the squirrel climbing up a tree. "Thank you, Bear! May your journey be successful!" replied the squirrel, and Bear felt encouraged by the friendly words.

After walking for several hours, Bear came to a large river that he had to cross. The river was wide and flowed quickly, but Bear knew he had to find a way to get across. He spotted a group of large stones sticking out of the water and decided to use them as stepping stones to cross the river. With great care and balance, he managed to cross the river and continued on his way.

As the day went on, the clouds in the sky grew darker, and Bear realized he needed to find a place to spend the night. He discovered a cozy cave hidden behind some bushes. Inside the cave, it was dry and warm, and Bear decided to sleep there for the night. He ate some honey and berries before curling up in a soft, warm bed of leaves and twigs.

The next morning, Bear woke to the sound of birds singing and the sun shining through the cave's opening. He had a renewed sense of energy and decided to continue his journey toward Star Valley. He followed the map further and came to a point where the trail split into two.

"Hmmm," Bear muttered to himself, "which way should I take?" He studied the map carefully and decided to take the right trail that led upward toward the mountains. "This must be the right way," he thought. "Star Valley must be high up, so I need to follow the trail upward."

The trail grew steeper and steeper, but Bear did not give up. He used his strong paws to climb upward, and soon he reached the top of the mountain. There, before him, opened up a wondrous sight. A valley covered in stars and light spread out before him.

It was as if the entire valley was filled with magical glimmers shining in the night.

Bear couldn't believe his eyes. He began to walk down toward the valley, and with each step he took, he was rewarded with a new, sparkling sight. The stars glittered in the sky and reflected in the crystal-clear lake that lay in the center of the valley. Around the lake was a circle of glowing flowers that created a beautiful pattern.

As Bear reached the lake, he was greeted by a friendly, small creature with glowing wings. "Welcome to Star Valley," said the creature with a bright voice. "My name is Stella, and I take care of the stars and magic here. How can I assist you?"

Bear was delighted to meet Stella and began to tell her about his dream of experiencing Star Valley. "I have always wanted to see this valley and experience the magic that is said to be here. I hope I haven't come to the wrong place."

Stella smiled and said, "You have come to the right place, Bear. Star Valley has always been a place for dreamers and adventurers. But right now, we need your help. We have a star that has lost its shine, and we need to give it new energy to maintain the balance in the valley."

Bear was moved by Stella's words. He felt that he had to do everything he could to help. Stella led him to a large, majestic star lying still in a clearing. The star had once been brilliant, but now it was weak and pale.

"Use this crystal," said Stella, handing Bear a small crystal glowing with a deep blue color. "The crystal has the power to revive the star. You must place it beside the star and focus on sending it your energy and good wishes."

Bear took the crystal and carefully placed it beside the pale star. He closed his eyes and concentrated on sending the star his best thoughts and wishes. He remembered all the kind words and helpful actions he had experienced on his journey, and he wished for the star to shine again.

Suddenly, the star began to light up. At first faintly, but soon the light grew stronger and stronger. The star shone brighter than ever, and the valley was filled with a warm, golden glow. All the flowers and lights around the lake began to sparkle again, and Star Valley was now filled with magic and beauty.

Stella looked at Bear with gratitude. "You did it, Bear! Thanks to you, the star has been restored, and Star Valley is filled with magic once again. Your kindness and courage have brought light back to this valley."

Bear felt a deep sense of satisfaction. He had achieved something he had dreamed of for a long time, and he knew that his small contribution had made a big difference. Stella thanked him warmly and gave him a small star as a memento. "This star will always remind you of your adventure here in Star Valley."

With the star in his paw and his heart filled with joy, Bear began his journey back to the forest. He knew he would always carry the memories of Star Valley and the wonderful experiences he had had.

When Bear returned to the forest, he was greeted by his friends with open arms. They had heard about his adventure and were happy to see him again. "How was your journey?" they asked curiously.

Bear smiled and replied, "It was absolutely amazing. I experienced the magic of Star Valley and helped restore light to a star. I have learned that even small acts of kindness and courage can make a big difference."

And so, each evening, when Bear looked up at the stars, he thought of Star Valley and the adventure he had had. He knew that the magic of the night sky would always be with him, and he was grateful for the wonderful journey that had taught him so much.

Nora og Den Magiske Havskatten

Det var en gang en liten jente ved navn Nora som bodde i en liten fiskerlandsby ved havets bredd. Nora elsket havet mer enn noe annet. Hver dag, etter å ha hjulpet foreldrene med å dra opp fisken fra havet, brukte hun tid ved stranden for å lete etter skjulte skatter og lytt til bølgene som sang deres rolige melodier.

En solfylt dag, mens Nora gikk langs stranden med sine små, sandfylte støvler, oppdaget hun noe uvanlig. Delvis begravet i sanden, var det en glitrende, lilla perle som skinte i sollyset. Nora bøyd seg ned og plukket opp perlen, og hun følte en varm, koselig følelse spre seg gjennom kroppen hennes. Det var som om perlen hadde en egen livskraft.

Da hun studerte perlen nærmere, la hun merke til en liten, søt kattfigur gravert på den. Katten så ut til å smile opp mot henne, og Nora kunne nesten høre en stille, vennlig stemme hviske i vinden: "Den som finner denne perlen, vil snart møte en magisk venn."

Nora visste ikke helt hva hun skulle tro, men hun hadde alltid vært fascinert av havets mysterier. Hun tok perlen med seg hjem, la den forsiktig i en liten skrin hun hadde fått av bestemor, og bestemte seg for å gå til sengs med en følelse av spenning og forventning.

Den natten sov Nora urolig, med perlen liggende under puten. Hun drømte om en vakker, lysende katt som fløy over havet på en sky laget av stjerner. Når hun våknet, var det som om en del av drømmen fortsatt var med henne. Hun bestemte seg for å ta perlen med seg på en ny oppdagelsesreise ved havet.

Neste morgen, mens bølgene rullet forsiktig mot stranden, la Nora merke til en stor, gammeldags flåte som lå forlatt på stranden. Flåten hadde blitt kastet opp av havet og var dekket med alger og tang. Nora kunne ikke motstå fristelsen til å utforske den. Hun klatret opp på flåten og begynte å undersøke dens innhold.

Plutselig hørte hun en lav, vennlig stemme fra under flåten. "Hei, er det noen der oppe?" stemmen sa.

Nora ble forskrekket, men samtidig nysgjerrig. Hun kikket ned og så en liten, lysende katt som satt på bunnen av flåten, omfavnet av tang og skjell. Katten hadde en vakker, glitrende pels som minnet om perlen hun hadde funnet.

"Jeg er Mira," sa katten med en myk stemme. "Jeg har ventet på deg. Det er noe viktig jeg trenger din hjelp med."

Nora kunne ikke tro sine egne øyne. "Du er... en magisk katt?" spurte hun.

Mira nikket. "Ja, jeg er en magisk havkatt. Jeg trenger å finne min magiske krone som ble stjålet av en ond sjøheks. Kronen er nødvendig for å beskytte havet og alt dets liv. Uten den mister havet sin magiske kraft, og balansen mellom havet og land kan bli ødelagt."

Nora følte en umiddelbar følelse av ansvar. Hun ville hjelpe Mira med å finne kronen. "Hvordan kan jeg hjelpe deg?" spurte hun.

Mira fortalte Nora at kronen var skjult i et undervannslaboratorium som ble voktet av sjøheksen og hennes hjelpere. Laboratoriet var fylt med feller og gåter som måtte løses for å finne kronen. "Men vi må være forsiktige," advarte Mira. "Sjøheksen er veldig listig og har mange triks opp i ermet."

Nora og Mira bestemte seg for å dra til undervannslaboratoriet. De måtte først bygge en liten, sjøvannsbestandig båt av materialene de fant på stranden og i havet. Med hjelp av Mira's magi ble båten både sterk og hurtig, og de satte kurs mot det mystiske stedet.

På vei mot laboratoriumet fortalte Mira Nora om havets mange magiske skapninger og hemmeligheter. Hun fortalte historier om delfiner som kunne synge, koraller som lyset om natten, og sjøhester som danset i måneskinnet. Nora lyttet fascinert og følte seg mer og mer knyttet til havet og dets magi.

Da de endelig nådde laboratoriumet, var det skjult under en stor, undervannsvulkan. Mira ledet Nora gjennom en inngang som var dekket med glitrende skjell og alger. Inne i laboratoriumet var det en labyrint av krystallklare tunneler og rom fylt med magiske potter og bøker.

"Vi må finne kronen før sjøheksen oppdager oss," hvisket Mira. "Hun har lagt ut feller og gåter for å beskytte kronen."

Nora og Mira begynte å navigere gjennom labyrinten. De måtte løse en rekke gåter og overvinne utfordringer, som å finne skjulte nøkler og navigere gjennom speilrom som forvirret dem med sine refleksjoner. Med hvert skritt ble det klarere at det ikke bare var styrke og mot som var viktig, men også visdom og samarbeid.

På et tidspunkt, da de var nærme målet, hørte de en skummel latter. "Så, noen våger å prøve å ta kronen min?" sa sjøheksen, som plutselig dukket opp foran dem. Hun var en skremmende skikkelse med langt, svart hår og en krystallklar, ondskapsfull glans i øynene.

Mira og Nora ble tatt på sengen, men de visste at de måtte være kloke. Mira begynte å snakke med sjøheksen og avledet henne ved å snakke om magiske skapninger og historier som hun visste ville fange sjøheksens interesse. Samtidig brukte Nora sine ferdigheter til å finne den skjulte kronen, som var plassert i et gammelt, dekorerte kammer.

Da de endelig fant kronen, var det som om et lys fylte hele rommet. Kronen glitret med en lysstyrke som var vanskelig å beskrive. Nora og Mira tok den med seg og begynte å skynde seg ut av laboratoriumet, men sjøheksen oppdaget dem i siste øyeblikk.

"Du tror du kan slippe unna så lett?" ropte sjøheksen og kastet en magisk forbannelse mot dem. Men Mira, som var både modig og smart, brukte sin magi til å beskytte dem og skape en beskyttende skjerm rundt dem.

De kom seg trygt ut av laboratoriumet og tilbake til båten. Da de seilte bort fra undervannsvulkanen, kunne de se sjøheksen som fortsatt ropte og kastet forbannelser mot dem fra avstand.

Da de kom tilbake til stranden, ble de møtt av alle de magiske skapningene som Mira hadde fortalt Nora om. De feiret kronens retur med en stor fest under stjernene. Det var dans og sang, og havet var fylt med lys og glede.

Mira takket Nora hjertelig. "Takket være deg er havet reddet, og kronen er tilbake på sin rette plass. Du har vist både mot og godhet, og for det vil du alltid være en hedersgjest i vår magiske verden."

Nora følte seg både stolt og glad. Hun visste at hun hadde opplevd noe helt spesielt, og hun hadde lært viktige leksjoner om vennskap, mot, og magien som finnes i verden.

Med en følelse av tilfredshet og en liten glitrende stein som minne fra Mira, gikk Nora hjem. Hun visste at hun alltid ville bære med seg minnene fra denne magiske reisen, og at havets magi alltid ville være en del av henne.

Og hver gang hun så ut over havet, husket hun Mira og alle de magiske skapningene hun hadde møtt. Hun visste at eventyrene i livet ofte begynner med et lite skritt mot det ukjente, og at magien er der for de som tør å drømme.

Nora and the Magical Sea Cat

Once upon a time, in a small fishing village by the edge of the sea, lived a little girl named Nora. Nora loved the sea more than anything else. Every day, after helping her parents haul in fish from the ocean, she spent time on the beach searching for hidden treasures and listening to the waves singing their gentle melodies.

One sunny day, as Nora walked along the shore with her small, sand-filled boots, she discovered something unusual. Partially buried in the sand was a sparkling, purple pearl that shone in the sunlight. Nora bent down and picked up the pearl, and she felt a warm, comforting sensation spread through her body. It was as if the pearl had a life of its own.

As she examined the pearl more closely, she noticed a small, sweet cat figure carved into it. The cat seemed to be smiling up at her, and Nora could almost hear a quiet, friendly voice whispering in the wind: "The one who finds this pearl will soon meet a magical friend."

Nora wasn't quite sure what to think, but she had always been fascinated by the mysteries of the sea. She took the pearl home, placed it carefully in a little box she had received from her grandmother, and went to bed with a feeling of excitement and anticipation.

That night, Nora slept restlessly, with the pearl lying under her pillow. She dreamed of a beautiful, glowing cat flying over the sea on a cloud made of stars. When she woke up, it was as if a part of the dream was still with her. She decided to take the pearl with her on a new adventure by the sea.

The next morning, as the waves gently rolled onto the shore, Nora noticed an old-fashioned raft that had been washed ashore and was covered in seaweed and kelp. Nora couldn't resist the temptation to explore it. She climbed onto the raft and began to investigate its contents.

Suddenly, she heard a soft, friendly voice from under the raft. "Hello, is anyone up there?" the voice said.

Nora was startled but also curious. She looked down and saw a small, glowing cat sitting at the bottom of the raft, surrounded by seaweed and shells. The cat had a beautiful, shimmering coat that reminded her of the pearl she had found.

"I'm Mira," said the cat in a gentle voice. "I've been waiting for you. There's something important I need your help with."

Nora couldn't believe her eyes. "You're... a magical cat?" she asked.

Mira nodded. "Yes, I'm a magical sea cat. I need to find my magical crown that was stolen by an evil sea witch. The crown is necessary to protect the sea and all its life. Without it, the sea will lose its magical power, and the balance between sea and land could be destroyed."

Nora felt an immediate sense of responsibility. She wanted to help Mira find the crown. "How can I help you?" she asked.

Mira explained that the crown was hidden in an underwater laboratory guarded by the sea witch and her minions. The laboratory was filled with traps and puzzles that had to be solved to find the crown. "But we must be careful," Mira warned. "The sea witch is very cunning and has many tricks up her sleeve."

Nora and Mira decided to head to the underwater laboratory. They first needed to build a small, seawater-resistant boat from materials they found on the beach and in the sea. With Mira's magic, the boat became both strong and swift, and they set sail toward the mysterious place.

On the way to the laboratory, Mira told Nora about the many magical creatures and secrets of the sea. She shared stories about dolphins that could sing, corals that glowed at night, and seahorses that danced in the moonlight. Nora listened, fascinated, and felt increasingly connected to the sea and its magic.

When they finally reached the laboratory, it was hidden beneath a large underwater volcano. Mira led Nora through an entrance covered in sparkling shells and algae. Inside the laboratory, there was a labyrinth of crystal-clear tunnels and rooms filled with magical pots and books.

"We need to find the crown before the sea witch discovers us," Mira whispered. "She has set up traps and puzzles to protect the crown."

Nora and Mira began to navigate the labyrinth. They had to solve a series of puzzles and overcome challenges, such as finding hidden keys and navigating through mirror rooms that confused them with their reflections. With each step, it became clearer that it wasn't just strength and bravery that mattered, but also wisdom and teamwork.

At one point, as they neared their goal, they heard a sinister laugh. "So, someone dares to try to take my crown?" said the sea witch, who suddenly appeared in front of them. She was a frightening figure with long, black hair and a crystal-clear, malevolent glint in her eyes.

Mira and Nora were taken aback, but they knew they had to be clever. Mira began talking to the sea witch and distracted her by discussing magical creatures and stories she knew would capture the sea witch's interest. Meanwhile, Nora used her skills to find the hidden crown, which was placed in an ancient, decorated chamber.

When they finally found the crown, it was as if a light filled the entire room. The crown glittered with a brightness that was hard to describe. Nora and Mira took it and hurriedly made their way out of the laboratory, but the sea witch spotted them at the last moment.

"You think you can escape so easily?" the sea witch shouted, casting a magical curse at them. But Mira, being both brave and clever, used her magic to shield them and create a protective barrier around them.

They safely made it out of the laboratory and back to the boat. As they sailed away from the underwater volcano, they could see the sea witch still shouting and casting curses at them from a distance.

When they returned to the shore, they were greeted by all the magical creatures Mira had told Nora about. They celebrated the return of the crown with a grand feast under the stars. There was dancing and singing, and the sea was filled with light and joy.

Mira thanked Nora warmly. "Thanks to you, the sea is saved, and the crown is back in its rightful place. You have shown both courage and kindness, and for that, you will always be an honored guest in our magical world."

Nora felt both proud and happy. She knew she had experienced something truly special, and she had learned important lessons about friendship, courage, and the magic that exists in the world.

With a sense of fulfillment and a small, glittering stone as a keepsake from Mira, Nora went home. She knew she would always carry the memories of this magical journey with her and that the magic of the sea would always be a part of her.

And every time she looked out over the sea, she remembered Mira and all the magical creatures she had met. She knew that life's adventures often begin with a small step into the unknown and that magic is there for those who dare to dream.

Melodien som Aldri Trodde

I en liten by ved foten av en stor, grønn bakke, bodde det en liten jente ved navn Lina. Lina elsket musikk mer enn noe annet. Hun hadde aldri lært å spille et instrument, men hun sang hver dag, og hun elsket å oppdage nye sanger. Lina kunne ofte bli sett på byens lille torg, hvor hun sang til lyden av vinden og fuglene, og hvor hennes stemme fylte luften med varme og glede.

En dag, mens Lina var ute på en av sine vanlige turer i parken, oppdaget hun noe merkelig. Under et gammelt eiketre, som hadde stått i mange år, så hun noe som skinte i det svake lyset fra morgenens sol. Hun gikk nærmere og oppdaget en liten, gammeldags eske. Esken var dekorert med vakre, håndmalte blomster og så ut som den hadde vært glemt i lang tid.

Nysgjerrig åpnet Lina esken, og inni fant hun en gammel notebok. Noteboken var slitt og støvete, men den var fylt med vakre noter og sanger som hun aldri hadde sett før. Det var som om denne noteboken hadde en magisk kvalitet. Lina begynte å bladde gjennom sidene og ble mer og mer betatt av melodiene hun fant.

Blant alle sangene var det én som skilte seg ut. Det var en sang med en tittel skrevet i gull: "Melodien som Aldri Trodde." Lina kunne ikke forstå hva denne tittelen betydde, men hun ble nysgjerrig. Hun begynte å synge denne sangen, og det føltes som om stemmen hennes ble båret av en usynlig kraft.

Da hun sang, merket hun at hele parken begynte å forandre seg. Trærne så ut til å bøye seg litt mer mot henne, og blomstene begynte å blomstre i farger som hun aldri hadde sett før. Lina ble fylt med en følelse av undring og glede.

Plutselig ble Lina møtt av en liten, glitrende skapning som fløy ned fra et tre. Den var omtrent like stor som en bok, med vinger som så ut som de var laget av stjernestøv. Skapningen smilte mot Lina og sa: "Hei, jeg er Lumi. Jeg vokter over melodien du nettopp har oppdaget. Det er en veldig spesiell sang."

Lina ble forbløffet over å møte denne magiske skapningen. "Hvordan kan en sang være spesiell?" spurte hun.

Lumi forklarte: "Denne melodien har en kraft som er eldre enn tiden selv. Den ble skapt for å minne oss om at musikk kan forandre verden. Men den ble glemt over tid. Nå er det opp til deg å vekke den til liv igjen."

Lina var både begeistret og redd. Hun visste at hun måtte finne ut mer om denne spesielle sangen. "Hva må jeg gjøre?" spurte hun.

Lumi svarte: "For å vekke melodien må du reise til de fire hjørnene av vår verden. Hvert sted har sin egen magiske melodi som må kombineres med 'Melodien som Aldri Trodde'. Når du har samlet alle melodiene, vil sangen få sin fulle kraft og forandre verden til det bedre."

Lina visste at dette ville bli en utfordrende reise, men hun var fast bestemt på å fullføre oppdraget. Hun sa farvel til Lumi og begynte sin reise.

Den første destinasjonen var den stille, blå innsjøen som lå langt unna landsbyen. På vei dit, sang Lina sanger hun hadde lært, og vinden syntes å synge sammen med henne. Da hun kom til innsjøen, møtte hun en vennlig vannånd som het Elara. Elara fortalte Lina at hun måtte synge ved innsjøens bredde ved solnedgang for å få tak i den første melodien.

Lina ventet til solen begynte å gå ned, og begynte å synge med hele sitt hjerte. Melodien hun sang var fylt med håp og fred, og innsjøen begynte å glitre med et magisk lys. En vakker, lysblå tone fløt opp fra vannet og kombinerte seg med Linas sang. Den første melodien ble samlet, og Lina følte seg sterkere og mer bestemt enn noensinne.

Den andre destinasjonen var en frodig, grønn skog som var kjent for sine eldgamle trær og mystiske skapninger. Lina gikk dypt inn i skogen og fant en eldgammel eik som var kjent for å bære på en hemmelig melodi. For å hente den andre melodien, måtte Lina synge under eiken ved midnatt.

Som månen steg opp på himmelen, begynte Lina å synge en melodi fylt med visdom og styrke. Eiken svarte med en dyp, resonant tone som fylte hele skogen med en varm glød. Lina samlet den andre melodien, og skogen rundt henne syntes å bli enda mer levende og magisk.

Den tredje destinasjonen var en lysende fjelltopp som var kjent for sine stjerner og klarhet. Lina klatret opp til toppen av fjellet, og der ble hun møtt av en liten stjerneånd ved navn Astra. Astra informerte Lina om at hun måtte synge ved fjelltoppens utsiktspunkt under stjernene for å få den tredje melodien.

Med stjernene som glitret over hodet hennes, begynte Lina å synge med en melodi fylt med undring og drømmer. Fjellene rundt henne begynte å skinne med stjernelys, og en lysende melodi ble samlet fra stjernene. Lina følte seg fylt med en ny følelse av håp og inspirasjon.

Den fjerde og siste destinasjonen var en mystisk, gammeldags by som var kjent for sine gamle visdommer og historier. Lina ankom byen og møtte en gammel, klok mann ved navn Eldor. Eldor fortalte henne at hun måtte synge ved byens gamle klokketårn ved daggry for å samle den siste melodien.

Ved daggry, da solen begynte å lyse opp horisonten, begynte Lina å synge en melodi fylt med kjærlighet og visdom. Klokketårnet begynte å spille med, og en kraftig, harmonisk tone fylte hele byen. Lina samlet den siste melodien og følte en dyp forbindelse med alt hun hadde opplevd.

Med alle fire melodiene samlet, returnerte Lina til parken hvor hun først hadde oppdaget noteboken. Lumi ventet på henne, og Lina delte de magiske melodiene med ham. Lumi smilte og sa: "Du har gjort det, Lina. Nå kan vi kombinere alle melodiene og vekke 'Melodien som Aldri Trodde' til liv."

Lina og Lumi begynte å synge den spesielle sangen sammen, og alle de magiske melodiene blandet seg i en vakker symfoni. Parken ble fylt med et lys og en glede som aldri før hadde blitt sett. Trærne og blomstene danset, og hele byen ble fylt med musikk og lykke.

Den magiske melodien spredte seg over hele verden, og folk begynte å synge sammen og oppleve musikkens kraft som aldri før. Lina hadde lært at musikk har en unik evne til å forene mennesker, bringe glede og skape magi i hverdagen.

Hver gang Lina gikk til parken, kunne hun høre ekkoet av den spesielle melodien, og hun visste at hun alltid ville bære med seg minnene fra denne fantastiske reisen. Hun hadde oppdaget kraften i musikk og visste at selv den minste sang kunne forandre verden.

Og slik endte Linas eventyr med en harmonisk tone, og hun visste at musikkens magi alltid ville være med henne, uansett hvor hun gikk.

The Melody That Never Thought

Once upon a time, in a small town at the foot of a great, green hill, lived a little girl named Lina. Lina loved music more than anything else. She had never learned to play an instrument, but she sang every day, and she loved discovering new songs. Lina could often be seen in the town's small square, where she sang to the sound of the wind and birds, and where her voice filled the air with warmth and joy.

One day, while Lina was out on one of her usual walks in the park, she discovered something unusual. Under an old oak tree that had stood for many years, she saw something glimmering in the faint light of the morning sun. She went closer and discovered a small, old-fashioned box. The box was decorated with beautiful, hand-painted flowers and looked like it had been forgotten for a long time.

Curious, Lina opened the box and inside found an old notebook. The notebook was worn and dusty, but it was filled with beautiful notes and songs she had never seen before. It was as if this notebook had a magical quality. Lina began flipping through the pages and became more and more enchanted by the melodies she found.

Among all the songs, there was one that stood out. It was a song with a title written in gold: "The Melody That Never Thought." Lina couldn't understand what this title meant, but she was intrigued. She began to sing the song, and it felt as if her voice was carried by an invisible force.

As she sang, Lina noticed that the whole park began to change. The trees seemed to bend a little more towards her, and the flowers started blooming in colors she had never seen before. Lina was filled with a sense of wonder and joy.

Suddenly, Lina was greeted by a small, shimmering creature that flew down from a tree. It was about the size of a book, with wings that looked like they were made of stardust. The creature smiled at Lina and said, "Hello, I'm Lumi. I guard the melody you've just discovered. It is a very special song."

Lina was amazed to meet this magical creature. "How can a song be special?" she asked.

Lumi explained, "This melody has a power that is older than time itself. It was created to remind us that music can change the world. But it has been forgotten over time. Now it is up to you to awaken it again."

Lina was both excited and frightened. She knew she needed to learn more about this special song. "What do I need to do?" she asked.

Lumi replied, "To awaken the melody, you must travel to the four corners of our world. Each place has its own magical melody that must be combined with 'The Melody That Never Thought.' Once you have gathered all the melodies, the song will gain its full power and change the world for the better."

Lina knew this would be a challenging journey, but she was determined to complete the task. She said goodbye to Lumi and began her journey.

The first destination was the tranquil, blue lake far from the village. On her way there, Lina sang songs she had learned, and the wind seemed to sing along with her. When she reached the lake, she met a friendly water spirit named Elara. Elara told Lina that she needed to sing at the lake's edge at sunset to obtain the first melody.

Lina waited until the sun began to set and started singing with all her heart. The melody she sang was filled with hope and peace, and the lake began to sparkle with a magical light. A beautiful, light blue tone rose from the water and combined with Lina's song. The first melody was collected, and Lina felt stronger and more determined than ever.

The second destination was a lush, green forest known for its ancient trees and mysterious creatures. Lina ventured deep into the forest and found an ancient oak tree known for holding a secret melody. To retrieve the second melody, Lina had to sing beneath the oak at midnight.

As the moon rose in the sky, Lina began to sing a melody filled with wisdom and strength. The oak responded with a deep, resonant tone that filled the entire forest with a warm glow. Lina collected the second melody, and the forest around her seemed to become even more alive and magical.

The third destination was a glowing mountain peak known for its stars and clarity. Lina climbed to the top of the mountain, where she was greeted by a small star spirit named Astra. Astra informed Lina that she needed to sing at the mountain's viewpoint under the stars to obtain the third melody.

With the stars twinkling overhead, Lina began to sing a melody filled with wonder and dreams. The mountains around her began to shine with starlight, and a glowing melody was gathered from the stars. Lina felt a new sense of hope and inspiration.

The fourth and final destination was a mysterious, old-fashioned city known for its ancient wisdom and stories. Lina arrived in the city and met an old, wise man named Eldor. Eldor told her that she needed to sing at the city's old clock tower at dawn to gather the final melody.

At dawn, as the sun began to light up the horizon, Lina began to sing a melody filled with love and wisdom. The clock tower began to play along, and a powerful, harmonious tone filled the entire city. Lina gathered the final melody and felt a deep connection with everything she had experienced.

With all four melodies collected, Lina returned to the park where she had first discovered the notebook. Lumi was waiting for her, and Lina shared the magical melodies with him. Lumi smiled and said, "You did it, Lina. Now we can combine all the melodies and awaken 'The Melody That Never Thought.'"

Lina and Lumi began to sing the special song together, and all the magical melodies blended into a beautiful symphony. The park was filled with a light and joy that had never been seen before. The trees and flowers danced, and the entire town was filled with music and happiness.

The magical melody spread across the world, and people began to sing together and experience the power of music like never before. Lina had learned that music has a unique ability to unite people, bring joy, and create magic in everyday life.

Every time Lina went to the park, she could hear the echo of the special melody, and she knew she would always carry the memories of this amazing journey with her. She had discovered the power of music and knew that even the smallest song could change the world.

And so Lina's adventure ended with a harmonious note, and she knew that the magic of music would always be with her, no matter where she went.

www.ingramcontent.com/pod-product-compliance
Lightning Source LLC
Chambersburg PA
CBHW061337120726
48001CB00002B/912